... schöne Unterrichtsmaterialien!

Deutsch

Winter
weiße Welt
Schnee, Eis, Kälte
Lichterglanz und frohe Tage
Weihnachten

Sandra Thum-Widmer

Weihnachtspoesie und andere Schreibanlässe

Freiarbeitsmaterial für Klasse 3–4

Impressum

Copyright © 2011 Lernbiene Verlag GmbH
2. überarbeitete Auflage 2014
ISBN 978-3-95664-764-2

Die Nutzung und Verwertung der Materialien ist nur im Rahmen der vertraglich eingeräumten Rechte zulässig.

Titel:	Weihnachtspoesie und andere Schreibanlässe
Inhalt:	Sandra Thum-Widmer
Illustration:	Tina Theel, Anne Rasch
Fotos:	© Stauke – Fotolia.com (Cover),
	© WavebreakMediaMicro – Fotolia.com (Cover)
Verlag:	Lernbiene Verlag GmbH
	Zarlachstraße 4
	82442 Saulgrub
	Tel.: 08845-757252
	Fax: 08845-757253
	http://www.lernbiene.de

Inhalt

4 ... **Erläuterungen**

7 ... **Laufzettel**

| **Angebote** | **Lösungen und Lösungsideen** |

8 ... Angebot 1 – Spiralen-Gedicht

37 ... Angebot 1 – Spiralen-Gedicht (Lösung)

9 ... Angebot 2 – Wortbild

38 ... Angebot 3 – Zeitungsgedicht (Lösung)

10 ... Angebot 3 – Zeitungsgedicht

39 ... Angebot 4 – Winterliche Zungenbrecher (Lösung)

11 ... Angebot 4 – Winterliche Zungenbrecher

40 ... Angebot 5 – Pyramidengedicht (Lösung)

12 ... Angebot 5 – Pyramidengedicht

41 ... Angebot 6 – Bilddiktat (Lösung)

13 ... Angebot 6 – Bilddiktat

42 ... Angebot 7 – Der Duft von Weihnachten (Lösung)

14 ... Angebot 7 – Der Duft von Weihnachten

43 ... Angebot 8 – Bildwörter (Lösung)

16 ... Angebot 8 – Bildwörter

44 ... Angebot 9 – Adventskreuzworträtsel (Lösung)

17 ... Angebot 9 – Adventskreuzworträtsel

45 ... Angebot 10 – Bilder-Elfchen (Lösung)

20 ... Angebot 10 – Bilder-Elfchen

46 ... Angebot 11 – Gedicht illustrieren (Lösung)

22 ... Angebot 11 – Gedicht illustrieren

47 ... Angebot 13 – Der ver(w)irrte Weihnachtsmann (Lösung)

23 ... Angebot 12 – Meine Weihnachtsgeschichte

48 ... Angebot 18 – Akrostichon (Lösung)

28 ... Angebot 13 – Der ver(w)irrte Weihnachtsmann

29 ... Angebot 14 – Typisch Weihnachten

30 ... Angebot 15 – Sternenbrief

32 ... Angebot 16 – Mein Lieblings-Weihnachtsgedicht

34 ... Angebot 17 – Plätzchen-Rezepte-Büchlein

36 ... Angebot 18 – Akrostichon

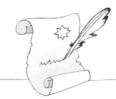

Weihnachtspoesie und andere Schreibanlässe
von Sandra Thum-Widmer
mit Illustrationen von Tina Theel

Lesen und Schreiben zu können sollte heute zu den Grundfertigkeiten eines jeden Menschen gehören. Es wird auf vielfältige Art und Weise in der Grundschule geübt und automatisiert. Spannende und verschiedenartige Übungen sind gefragt, damit das Lernen interessant und abwechslungsreich bleibt. Gerade beim Kreativen Schreiben setzen sich die Kinder mit einem Sachverhalt auf fantasievolle Art und Weise auseinander. Ein gestalterischer und kreativer Umgang mit Sprache wird ermöglicht. Es bietet die Gelegenheit, Erlebtes, Erfahrenes und Beobachtetes aufzuschreiben. Die Freude am Verfassen von Texten soll geweckt und erhalten werden.

In unserem Material „Weihnachtspoesie und andere Schreibanlässe" lernen die Kinder insbesondere das sprachliche Mittel der Gedichte kennen und erweitern damit ihre schriftliche Ausdrucksweise. Gedichte können nach einem vorgegebenen „Bauplan" geschrieben werden und dennoch bleibt in jedem Gedicht die „Handschrift" des Verfassers erhalten. Die Kinder wählen treffende Wörter und Sätze, verbinden Bild und Text und bauen Rhythmik in die Sprache ein. Sie erproben und erfahren dabei die Sprache auf spielerische Art und Weise.

Kurzüberblick über den Inhalt des Materials
Das Material „Weihnachtspoesie und andere Schreibanlässe" besteht aus 18 Angeboten, die einzeln und unabhängig voneinander einsetzbar sind. Gedichte und andere lyrische Texte rund ums Thema Weihnachten und Advent werden kreativ bearbeitet und erschaffen. Es handelt sich um ein kindgerechtes und witziges Unterrichtsmaterial zum Thema Weihnachten, das in den Klassenstufen 3–4 entweder in Form einzelner Schreibanlässe für zwischendurch oder aber auch als komplette Unterrichtseinheit eingesetzt werden kann.

Einsatz des Materials
Es empfiehlt sich, die Arbeitsblätter für jedes Kind einzeln zu kopieren, damit es seine ganz persönliche Sammlung anlegen kann. Bei den Lösungsblättern bzw. den Lösungsvorschlägen macht es jedoch Sinn, sie zur besseren Haltbarkeit zu laminieren. Auf diese Weise können die Arbeitsblätter nach ihrer Bearbeitung von den Schülern selbstständig kontrolliert werden oder ein Lösungsvorschlag kann betrachtet werden, um eigene Ideen anzuregen oder das eigene Ergebnis abzugleichen.

Individualisieren im Unterricht

Neben dem normalen Einsatz als Arbeitsblatt in einer herkömmlichen Unterrichtsstunde eignet sich das Material auch bestens, um zu individualisieren oder schnellen Schülern ein spannendes Zusatzmaterial (z. B. in einem Ordner) anzubieten.

Differenziert werden kann mit den Arbeitsblättern besonders gut, da nicht alle Blätter von allen Schülern bearbeitet werden müssen. Außerdem kann im individuellen Tempo gearbeitet werden, weil am Schluss meist eine Selbstkontrolle* stattfindet.

*Zu den meisten Angeboten gibt es „nur" Lösungsvorschläge und keine allgemeingültigen Lösungen. Dazu sind die Ergebnisse der einzelnen Kinder viel zu individuell und persönlich. Eine Selbstkontrolle kann also den Kindern eher einen Hinweis geben, ob das eigene Ergebnis in etwa mit dem Lösungsvorschlag übereinstimmt. Damit die Lehrperson sowie auch das einzelne Kind die Übersicht behalten kann, empfiehlt es sich, den Laufzettel zu benutzen. Damit kann jederzeit überprüft werden, welche Angebote von welchem Kind schon bearbeitet worden sind.

Weitere Anmerkungen zum Umgang mit den einzelnen Angeboten

Angebot 4 – Winterliche Zungenbrecher

Die einzelnen selbst erfundenen Zungenbrecher können ausgeschnitten und zu einer Klassensammlung zusammengestellt werden.

Angebot 6 – Bilddiktat

Dieses Angebot wird am besten von der ganzen Klasse gleichzeitig gelöst. Sie können Ihren Schülern und Schülerinnen das dafür vorgesehene Malblatt kopieren, ebenso gut können die Kinder aber auch auf ein einfaches, weißes Blatt Papier malen. Die Lehrperson liest den Text auf dem 2. Stationsblatt vor und die Kinder malen, was sie hören.

Angebot 10 – Bilder-Elfchen

Die Weihnachtsbilder werden laminiert, auseinandergeschnitten und den Kindern in einer Schachtel zur Verfügung gestellt.

Angebot 12 – Meine Weihnachtsgeschichte

Es genügt, die Seite mit den verschiedenen Überschriften ein paarmal zu kopieren. Sie können das Überschriftenblatt dann so verteilen, dass jedes Kind freien Blick darauf hat – zum Beispiel, indem Sie das Blatt ein- oder zweimal an Gruppentischen auslegen. So kann sich jedes Kind eine Überschrift aussuchen.

Angebot 14 – Typisch Weihnachten

Um dieses Angebot bearbeiten zu können, müssen Zeitschriften, Zeitungen und Werbeprospekte zur Verfügung stehen. Entweder bringen die Schüler und Schülerinnen diese von zu Hause mit oder sie werden von der Lehrperson besorgt.

Angebot 15 – Sternenbrief

Damit die Kinder einen solchen Sternenbrief basteln können, werden farbiges Tonpapier sowie Geschenkband oder eine Kordel benötigt.

Angebot 17 – Plätzchen-Rezepte-Büchlein

Als Vorbereitung für dieses Angebot bringen die Kinder ihr Lieblings-Plätzchenrezept von zu Hause mit. Wenn alle Rezepte sorgfältig auf die schönen Blätter abgeschrieben sind, sollten alle Rezepte für alle Schüler kopiert, anschließend laminiert und zu einem Büchlein zusammengebunden werden. Das Zusammenbinden kann z. B. mit einer Spiralbinde-Maschine oder mit Locher und Kordel geschehen.

Angebote ohne Lösungsblatt

Für die Angebote 2, 12, 14, 15, 16 und 17 gibt es kein Lösungsblatt. Bei diesen Angeboten macht es keinen Sinn, Lösungen anzubieten. Die entstandenen Werke der Kinder werden sehr unterschiedlich sein. Im Folgenden finden Sie unsere Ideen, wie Sie mit diesen Arbeiten umgehen könnten.

Angebot 2 – Wortbild

Die Ergebnisse der Kinder werden im Klassenzimmer aufgehängt.

Angebot 12 – Meine Weihnachtsgeschichte

Die Geschichten in einer der letzten Stunden vor den Weihnachtsferien vorlesen lassen.

Angebot 14 – Typisch Weihnachten

Die Ergebnisse der Kinder werden im Klassenzimmer aufgehängt.

Angebot 15 – Sternenbrief

Die Sternbriefe werden verschenkt und werden dem/der Beschenkten viel Freude bereiten.

Angebot 16 – Mein Lieblings-Weihnachtsgedicht

Alle fertigen Gedichte einmal kopieren und in einem Weihnachtsgedichte-Buch (z. B. als Ringheft gebunden) als Klassensammlung für alle zur Ansicht zusammenstellen.

Angebot 17 – Plätzchen-Rezepte-Büchlein

Für jedes Kind eine Gesamtsammlung kopieren und zusammenbinden (s. o.).

Hier noch eine Idee, wie Sie die entstandenen Werke zusätzlich wertschätzen können: Wie wäre es mit einer Präsentation des besten Werks von jedem Schüler, einem „Best-of-Class-Poetry"? Dazu wählen alle Schüler ihr bestes Gedicht aus und sprechen es auf Tonband, MP3 oder ein Diktiergerät – je nachdem, was an Gerätschaften an Ihrer Schule zur Verfügung steht. Diese Werke kann sich zum Schluss die ganze Klasse gemeinsam anhören und es könnte sogar das beliebteste Stück gekürt werden.

Wir wünschen Ihnen viel Freude und Erfolg beim Einsatz des Materials!

Laufzettel

Name: _____

Angebote	erledigt	Unterschrift
Angebot 1 – Spiralen-Gedicht		
Angebot 2 – Wortbild		
Angebot 3 – Zeitungsgedicht		
Angebot 4 – Winterliche Zungenbrecher		
Angebot 5 – Pyramidengedicht		
Angebot 6 – Bilddiktat		
Angebot 7 – Der Duft von Weihnachten		
Angebot 8 – Bildwörter		
Angebot 9 – Adventskreuzworträtsel		
Angebot 10 – Bilder-Elfchen		
Angebot 11 – Gedicht illustrieren		
Angebot 12 – Meine Weihnachtsgeschichte		
Angebot 13 – Der ver(w)irrte Weihnachtsmann		
Angebot 14 – Typisch Weihnachten		
Angebot 15 – Sternenbrief		
Angebot 16 – Mein Lieblings-Weihnachtsgedicht		
Angebot 17 – Plätzchen-Rezepte-Büchlein		
Angebot 18 – Akrostichon		

Angebot 1 – Spiralen-Gedicht

Schreibe ein eigenes Gedicht zum Thema „Das wünsche ich mir".
Das Gedicht soll sich reimen, so wie du es im Beispiel siehst. Anschließend wird es spiralförmig geschrieben. Die Spirale unten soll dir dabei eine Hilfe sein.

Keine großen Geschenke wünsche ich mir,
lieber viel Zeit und schöne Stunden mit dir.
Kriege und Streit, das möchte ich nicht,
viel lieber schreibe ich dir ein Gedicht.
Weihnachten ist das Fest der Liebe,
wenn das doch nur für immer so bliebe.

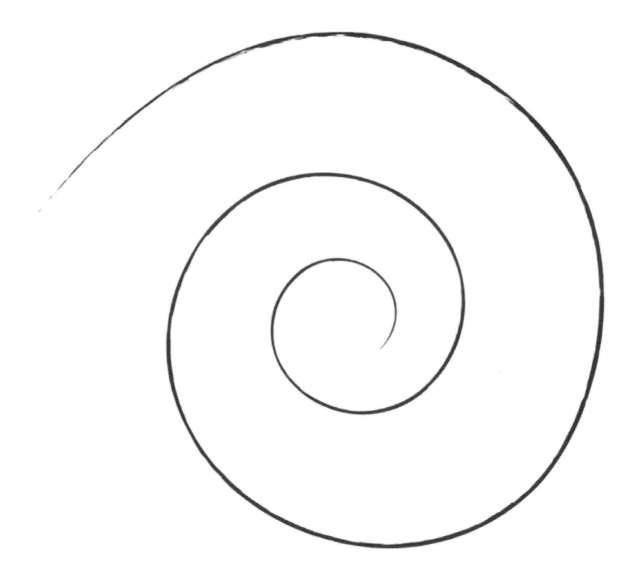

Angebot 2 – Wortbild

Wähle ein Namenwort aus, das zu Weihnachten passt: z. B. Tannenzapfen, Stern, Kerze, ...
Tipp: Wichtig ist, dass du ein Wort wählst, dessen Umriss sich gut zeichnerisch darstellen lässt.

Hier ist ein Beispiel für das Wort „Tannenzapfen": Skizziere zuerst den Umriss eines Tannenzapfens mit Bleistift. Schreibe dann das Wort „Tannenzapfen" in verschiedener Größe waagerecht und senkrecht mit unterschiedlichen Farbstiften in diesen Umriss hinein. Schreibe das Wort so oft, bis die Form des Tannenzapfens komplett ausgefüllt und gut zu erkennen ist. Radiere dann den Bleistift-Umriss wieder weg.

Angebot 3 – Zeitungsgedicht

Schneide aus einer Zeitung mindestens drei beliebige Wörter aus. Schreibe ein Gedicht und achte darauf, dass du diese Wörter in dein selbst geschriebenes Gedicht einbaust. Klebe die Zeitungswörter an den entsprechenden Stellen im Text auf, so wie du es im Beispiel siehst.

Dort, **neben** halb verschneiter Tanne,
gemacht aus **Schnee** und Eis,
auf dem Kopf 'ne umgedrehte Pfanne,
steht ein Schneemann – ganz leis'.

Da freut sich jedes **Kind**,
so viel Freude kann er geben.
Kalt weht der **Wind**.
Der Schneemann soll noch lange leben!

Angebot 4 – Winterliche Zungenbrecher

Erfinde sechs weitere lustige winterliche Zungenbrecher. Schreibe sie auf die Linien. Trage sie anschließend der Klasse vor.

Sechsundsechzig Schnee schaufelnde Schneemänner schippen siebenundsiebzig Schaufeln schweren Schnees.

Zwischen zwei Zimtsternen zipfeln zwanzig Zwergkappen.

Angebot 5 – Pyramidengedicht

Denke dir zunächst einen Satz aus, der in diese Jahreszeit passt. Anschließend formst du ein Pyramidengedicht aus deinem Satz:
Die erste Zeile besteht aus einem Wort, die zweite aus zwei Wörtern usw., wobei sich die Wörter in jeder Zeile wiederholen.

weiße

weiße verträumte

weiße verträumte Winterwelt

weiße verträumte Winterwelt du

weiße verträumte Winterwelt du kommst

weiße verträumte Winterwelt du kommst leise

weiße verträumte Winterwelt du kommst leise und

weiße verträumte Winterwelt du kommst leise und unscheinbar

_____

_____

_____

_____

_____

_____

_____

_____

Angebot 6 – Bilddiktat (1)

Deine Lehrerin/dein Lehrer liest dir einen Weihnachtstext vor. Male, was du hörst, in den Rahmen. Am Schluss gestaltet ihr eine Ausstellung, bei der alle Werke betrachtet werden können.

Angebot 6 – Bilddiktat (2)

Dies ist der Weihnachtstext, den die Lehrperson vorliest:

Alles ist ganz still und leise fällt der Schnee.

Am Himmel leuchtet der Mond und unzählig viele kleine Sterne schicken ihr Licht zur Erde.

Eine riesige Tanne ragt in die Höhe.

Sie ist mit Schnee bedeckt.

Ganz oben, auf dem Tannenwipfel, blitzt ein Stern.

Wer ihn wohl dort befestigt hat?

Rechts neben der Tanne, auf dem schneebedeckten Waldboden, liegt ein rotes Paar Handschuhe.

Ein Hase schnuppert daran.

Links neben der Tanne steht ein Holzschlitten.

Er ist ganz mit Geschenken beladen.

Ein Geschenk ist sehr auffällig: Es ist ziemlich dünn und lang.

Dieses Geschenk ist mit einem violetten Geschenkband umwickelt.

Ein Geschenk ist herzförmig verpackt, und ganz oben auf dem Geschenke-Berg befindet sich ein kugelrundes, schwarz-gelb eingepacktes Geschenk.

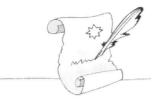

Angebot 7 – Der Duft von Weihnachten

Wie riecht Weihnachten? Schreibe in die Zimtstangen verschiedene Wörter von Dingen, deren Geruch dich an Weihnachten erinnert (Gebäck, Gewürze, Speisen).

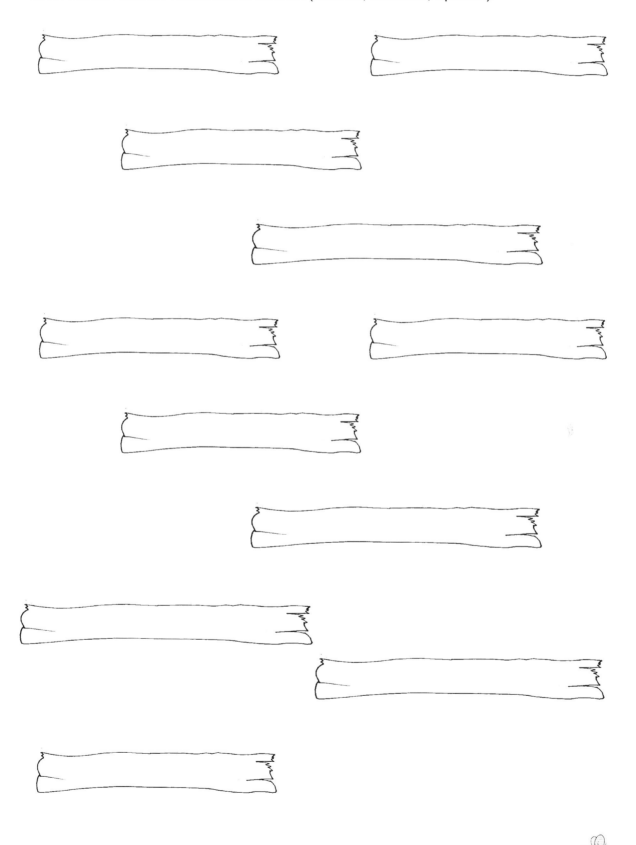

Angebot 8 – Bildwörter

Erfinde einen sechszeiligen Kreuzreim.

Bei dieser Art Gedicht reimen sich immer die erste, die dritte und die fünfte Zeile. Die zweite, vierte und sechste Zeile reimen sich ebenfalls miteinander. Vom Reimschema her, sieht das so aus: A – B – A – B – A – B.

Greife zwei bis drei Wörter aus deinem Kreuzreim heraus und setze sie zeichnerisch in Farbe und Form um, so wie im Beispiel.

Am frostig kalten Nachthimmel

blitzen viele kleine und große *Sterne*.

Eine Gl*o*cke ertönt, was für ein Gebimmel!

Ganz schwach, was seh' ich dort in der Ferne?

Ah, da kommt der Nikolaus mit einem Schimmel.

Ja, zu Pferd, nicht mit Schlitten und Lat*e*rne!

Angebot 9 – Adventskreuzworträtsel (1)

Löse zuerst dieses Kreuzworträtsel. Jedes Bild steht für eines der Wörter, das einzusetzen ist. Setze zum Schluss das Lösungswort zusammen.

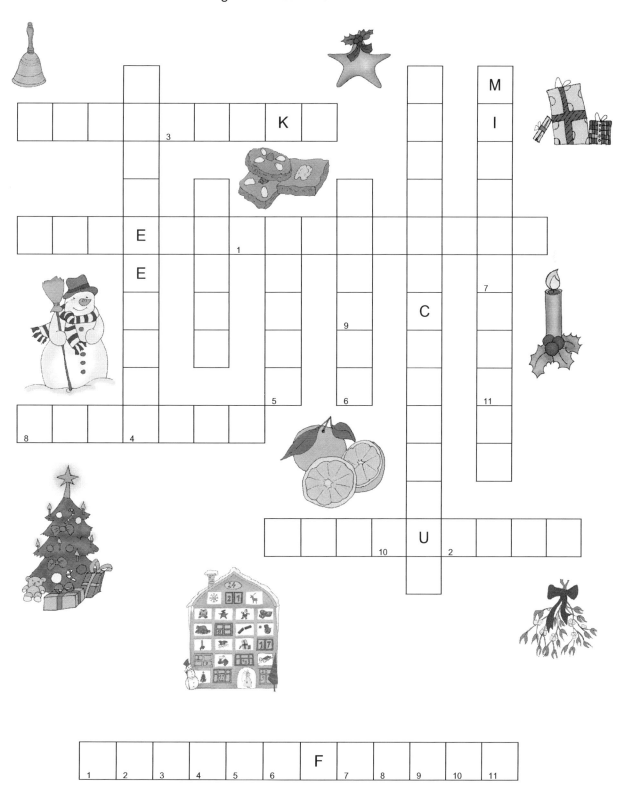

Angebot 9 – Adventskreuzworträtsel (2)

Erstelle selbst ein ähnliches Kreuzworträtsel. Zur Auswahl stehen dir die Bilder auf der Schnipselseite. Wähle für dein Kreuzworträtsel 10 Bilder davon aus und klebe sie rund um das fertige Rätsel.

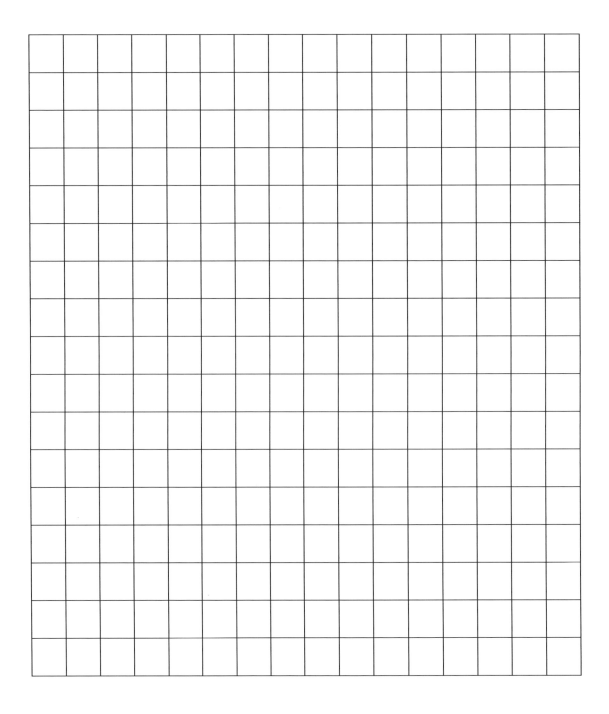

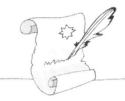

Angebot 9 – Adventskreuzworträtsel (3)

Schnipselseite: Schneide von dieser Seite passende Bilder für dein Kreuzworträtsel aus.

Angebot 10 – Bilder-Elfchen (1)

Ziehe ein Weihnachtsbild aus der Schachtel. Erfinde zu diesem Bild ein passendes Elfchen. Ein Elfchen ist ein Gedicht, das aus elf Wörtern besteht, die auf fünf Zeilen verteilt werden. Die Anzahl der Wörter innerhalb der Zeilen ist festgelegt. Unten siehst du, wie ein fertiges Elfchen aussehen kann.

Ziehe für jedes Elfchen, das du selbst schreibst, ein Kärtchen.

1. Zeile = **1 Wort**   Winter

2. Zeile = **2 Wörter**   weiße Welt

3. Zeile = **3 Wörter**   Schnee, Eis, Kälte

4. Zeile = **4 Wörter**   Lichtglanz und festliche Fröhlichkeit

5. Zeile = **1 Wort**   Weihnachten

_____

_____ _____

_____ _____ _____

_____ _____ _____ _____

_____

_____

_____ _____

_____ _____ _____

_____ _____ _____ _____

_____

Angebot 10 – Bilder-Elfchen (2)

Angebot 11 – Gedicht illustrieren

Lies das Gedicht.
Gestalte zu den beiden Abschnitten eine passende Zeichnung.

Uhr oder Kugelschreiber,
Geld oder schöne Kleider?
CDs oder eine neue Kappe,
Rucksack oder Ledermappe?

Schirm oder Regenhose,
Stiefel oder gar 'ne Rose?
Was mag wohl in der Schachtel sein?
Schau hinein, erst dann kannst du sicher sein!

Angebot 12 – Meine Weihnachtsgeschichte (1)

Wähle aus all den Überschriften auf dem Blatt eine aus, die dir besonders gefällt.
Schreibe eine passende Weihnachtsgeschichte und verwende dazu Arbeitsblatt (5).

Der verschwundene Adventskalender

Eine Tüte voller Zimtsterne

Der Engel auf der Straße

Der Weihnachtswunsch

Das hässliche Tannenbäumchen

Besuch im Kinderheim

Was macht der Osterhase an Weihnachten?

Plätzchen backen

Ein Fest ohne Familie

Der Esel

Die kaputte Rolltreppe

Eine kalte Sternennacht

In einem fremden Land

Das falsche Geschenk

Fest der Tiere

Der Weihnachtsmann im Stress

Die verlorenen Pakete

Der Duft des Weihnachtsmarktes

Angebot 12 – Meine Weihnachtsgeschichte (2)

Wie könntest du die Einleitung, den Hauptteil und den Schluss deiner Weihnachtsgeschichte gestalten? Auf den folgenden Seiten findest du Vorschläge. Nutze sie, um deine Fantasie ein wenig anzuregen.

Hier einige Ideen für eine Einleitung:

Es war ein kalter Wintermorgen. Als Jonas aufstand und frühstücken wollte, kam ihm seine Mutter aufgeregt entgegen.

Der Wald sah wunderschön aus. Alle Tannenwipfel waren mit einer prachtvollen Schneehaube überzogen.

Es war heiß, drückend heiß, und das, obwohl heute Weihnachten war.

Traurig saß Tina auf ihrem Bett. Niemand hatte sie abgeholt. Sie würde Weihnachten nicht zu Hause verbringen können.

Der 1. Dezember war endlich da. Wie sehnlich Marco ihn erwartet hatte. Vor Aufregung hatte er kaum geschlafen. Heute nämlich würde er seinen Adventskalender zum ersten Mal sehen.

Tante Hilde, Onkel Peter, Großmama, Großpapa, Uropa und Uroma und weitere Familienmitglieder waren soeben bei uns eingetroffen.

Wie Karin die Weihnachtszeit liebte. Heute nach der Schule durfte sie mit ihrer Mutter wieder Weihnachtsplätzchen backen.

Heute musste er früh raus aus den Federn. Es war sein Tag: Der Weihnachtsmann freute sich das ganze Jahr darauf.

So, der Wunschzettel war zusammengestellt. Wie jedes Jahr legte Roman ihn aufs Fensterbrett und hoffte darauf, dass möglichst viele Wünsche in Erfüllung gehen würden.

Das Einkaufszentrum war vollgestopft mit gestressten Leuten. Unglaublich, wer noch so alles in letzter Minute seine Besorgungen machen musste.

Angebot 12 – Meine Weihnachtsgeschichte (3)

Wie könntest du die Einleitung, den Hauptteil und den Schluss deiner Weihnachtsgeschichte gestalten? Auf den folgenden Seiten findest du Vorschläge. Nutze sie, um deine Fantasie ein wenig anzuregen.

Hier einige Ideen für einen Hauptteil:

Sie standen mitten im Wald. So viele Weihnachtsbäume hatte er noch nie gesehen. Welchen sollten sie wählen?

Hase, Fuchs, Rehe, Hirsche und viele andere Tiere strömten von allen Seiten auf die festlich beleuchtete Lichtung.

Warum mussten sie auch ausgerechnet ans andere Ende der Welt fliegen? Zu Hause könnten sie Schneemänner und Iglus bauen. Und hier konnte man höchstens Sandburgen schaufeln.

Das große Haus war fast leer. Auch die meisten Erwachsenen waren nach Hause gefahren, um die Festtage mit ihren Lieben zu verbringen.

Gestern noch war er enttäuscht gewesen, heute aber freute sich Marco wieder wie ein kleines Kind aufs Öffnen des zweiten Türchens. Was er wohl dieses Mal vorfinden würde?

Endlich war die ganze Familie um den Weihnachtsbaum versammelt. Wem wohl welches Päckchen gehörte?

Die Wangen gerötet, die Hände weiß vom Mehlstaub und die Münder mit Schokolade verschmiert, so standen die beiden in der Küche. Plötzlich klingelte es an der Tür.

Aber, oh Schreck! Als er seinen Sack öffnete, war dieser leer. Kein einziges Päckchen mehr war zu sehen.

Endlich war der Weihnachtsabend da. Roman öffnete ein Päckchen nach dem anderen, um zu sehen, welche Wünsche ihm erfüllt worden waren. Über ein Päckchen freute er sich ganz besonders:

An der Kasse mussten sie sich in eine lange Menschenschlange einreihen.

Angebot 12 – Meine Weihnachtsgeschichte (4)

Wie könntest du die Einleitung, den Hauptteil und den Schluss deiner Weihnachtsgeschichte gestalten? Auf den folgenden Seiten findest du Vorschläge. Nutze sie, um deine Phantasie ein wenig anzuregen.

Hier einige Ideen für den Schlussteil:

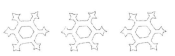

Was machte es schon aus, dass die Spitze nicht kerzengerade in den Himmel ragte? Es war das schönste Weihnachtsbäumchen überhaupt.

Friedlich waren sie zum Festmahl versammelt. Freunde und Feinde genossen den schönen Abend. So also feierten die Tiere ihre Waldweihnacht.

Auch Weihnachten in Australien hatte seine schönen Seiten. Ungewohnt war zwar die Hitze, aber einmal in der Badehose am Strand unter einem Weihnachtsbaum zu sitzen, hatte durchaus seinen Reiz.

Was für ein Glück sie doch hatte: Sie konnte wenigstens mit ihrer „Kinderheim-Familie" Weihnachten feiern.

Er hatte gelernt, dass man schätzen sollte, was man hat. Geschenke sind zwar etwas Schönes, aber manchmal zählt die Mühe, die sich Menschen machen, um jemand anderem eine Freude zu bereiten, mindestens ebenso viel.

Nächstes Jahr werden sie wohl alle Päckchen mit Namen versehen. So würde hoffentlich kein Durcheinander mehr entstehen!

Dieses Jahr gab es zum Dessert keine Zimtsterne, dafür Eis mit heißen Beeren. Die Tüte mit den Zimtsternen hatte jemand anders bekommen.

Zum Glück hatte der Weihnachtsmann unerwartete Hilfe bekommen. Wie enttäuscht wären doch die Kinder gewesen, hätten sie keine Päckchen erhalten in diesem Jahr.

Für seinen Patenonkel schrieb er einen ganz besonders langen und schönen Dankesbrief, so sehr hatte er sich über die unerwartete Überraschung gefreut.

Die Rolltreppe war wieder repariert und die Läden inzwischen geschlossen worden. Zum Glück gab es auch Leute, die an Weihnachten arbeiteten.

Angebot 12 – Meine Weihnachtsgeschichte (5)

Angebot 13 – Der ver(w)irrte Weihnachtsmann

Erfinde eine passende Geschichte zu diesem Bild.

Male das Bild farbig an.

Angebot 14 – Typisch Weihnachten

Was ist für dich typisch Weihnachten? Suche in Zeitschriften, Zeitungen und Werbeprospekten nach einem passenden Bild. Klebe es auf das Arbeitsblatt und schreibe einen kurzen, passenden Text dazu. Im Text soll ersichtlich sein, warum du genau dieses Bild gewählt hast.

Angebot 15 – Sternenbrief (1)

Bastle einen „Sternenbrief", indem du Papier gemäß der Anleitung zuschneidest und faltest. Anschließend schreibst du einige liebe Zeilen als kleine Überraschung für jemanden, den du magst, in diesen Brief.

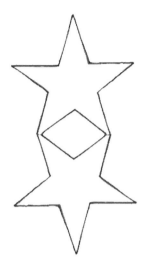

1. Stelle mithilfe der Vorlage einen solchen „Doppel-Stern" aus farbigem Tonpapier her.

2. Schreibe einige liebe Zeilen in den Stern.

3. Falte den unteren Stern auf den oberen Stern.

4. Stanze mit dem Locher ein Loch in die beiden oberen Zacken.

5. Zieh eine Kordel oder ein Geschenkband durch das Loch, sodass der Stern dadurch zusammenhält.

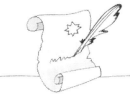

Angebot 15 – Sternenbrief (2)

Übertrage die Vorlage auf farbiges Tonpapier und schneide den „Doppel-Stern" aus.

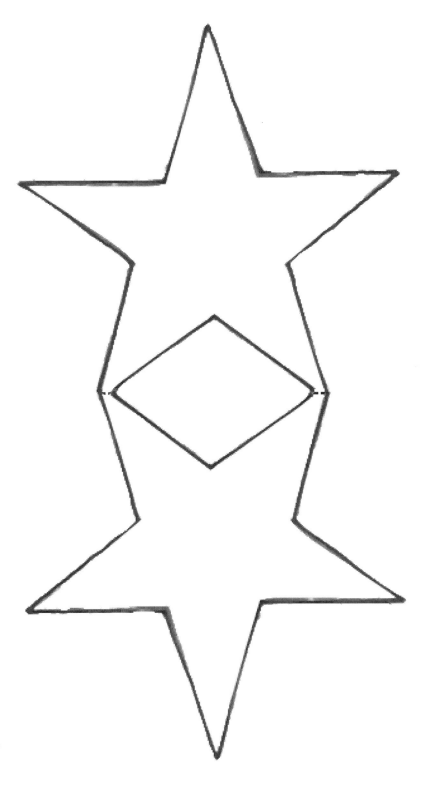

Angebot 16 – Mein Lieblings-Weihnachtsgedicht (1)

Lies alle Weihnachtsgedichte auf dieser Seite mehrmals durch.
Wähle dasjenige aus, welches dir am besten gefällt. Schreibe es sorgfältig auf dem
Schmuckblatt auf. Gestalte ein passendes Bild dazu.

Wo man auch hinschaut,
werden Kerzen aufgebaut.
Gar festlich sieht es aus,
in so manchem Haus.
Es freuen sich Groß und Klein.
Was mag wohl der Anlass sein?
Weihnachten naht – so schlicht.
Alles andere ist geheim, mehr verrat' ich nicht.

Frostig ist's und sternenklar.
Schau, sogar die Tiere fliehen
in ihre Schlupflöcher, wo sie sich
zurückziehen.
Eine Eiseskälte fürwahr.

Schneemann, du weiße Gestalt,
du Rübennase-Kochtopf-Hut,
ist dir denn gar nicht kalt?
Du gefällst mir außerordentlich gut,
doch plötzlich wirst du alt.
Du schrumpfst zur Wasserflut,
so ist sie halt, die Naturgewalt!

Zunächst ein sanfter Windstoß,
dann aber geht's richtig los!
Der Sturm, er wütet.
Fühlst du dich noch behütet?
Komm, wir gehen schnell ins Haus hinein,
der Winter, der darf dort nicht rein.
Es tobt, heult und kracht
der Sturm die ganze Nacht.
Am andern Tag, ganz von allein,
ist die Welt wieder voller Sonnenschein.

Dort, hinter halb verschneiter Tann',
gemacht aus Schnee und Eis,
auf dem Kopf 'ne umgedrehte Pfann',
kohlenschwarze Augen, das Gesicht ganz weiß,
zieht Alt und Jung in seinen Bann,
ein Schneemann, ganz leis'.

Angebot 16 – Mein Lieblings-Weihnachtsgedicht (2)

Schreibe das ausgewählte Gedicht sorgfältig ab. Gestalte ein passendes Bild dazu.

Mein Bild:

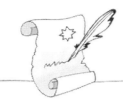

Angebot 17 – Plätzchen-Rezepte-Büchlein (1)

Bringe von zu Hause dein Lieblings-Plätzchen-Rezept mit. Schreibe es sorgfältig ab. Zum Schluss werden alle Rezepte der Klasse kopiert, laminiert und zu einem Büchlein zusammengebunden.

Angebot 17 – Plätzchen-Rezepte-Büchlein (2)

Bringe von zu Hause dein Lieblings-Plätzchen-Rezept mit. Schreibe es sorgfältig ab. Zum Schluss werden alle Rezepte der Klasse kopiert, laminiert und zu einem Büchlein zusammengebunden.

Angebot 18 – Akrostichon

Überlege dir ein mindestens acht Buchstaben langes Winter- oder Weihnachtswort. Schreibe alle Buchstaben des Wortes untereinander. Finde zu jedem Buchstaben ein weiteres passendes Winter- oder Weihnachtswort. Schreibe es auf die entsprechende Zeile.

W	OLLPULLOVER
I	GLU
N	EUSCHNEE
T	EE
E	ISZAPFEN
R	EHSPUREN
W	ÄRMFLASCHE
E	INGESCHNEIT
L	AUTLOS
T	HERMOKLEIDUNG

Angebot 1 – Spiralen-Gedicht (Lösungsidee)

Schreibe ein eigenes Gedicht zum Thema „Das wünsche ich mir".

Das Gedicht soll sich reimen, so wie du es im Beispiel siehst. Anschließend wird es spiralförmig geschrieben. Die Spirale unten soll dir dabei eine Hilfe sein.

Keine großen Geschenke wünsche ich mir,
lieber viel Zeit und schöne Stunden mit dir.
Kriege und Streit, das möchte ich nicht,
viel lieber schreibe ich dir ein Gedicht.
Weihnachten ist das Fest der Liebe,
wenn das doch nur für immer so bliebe.

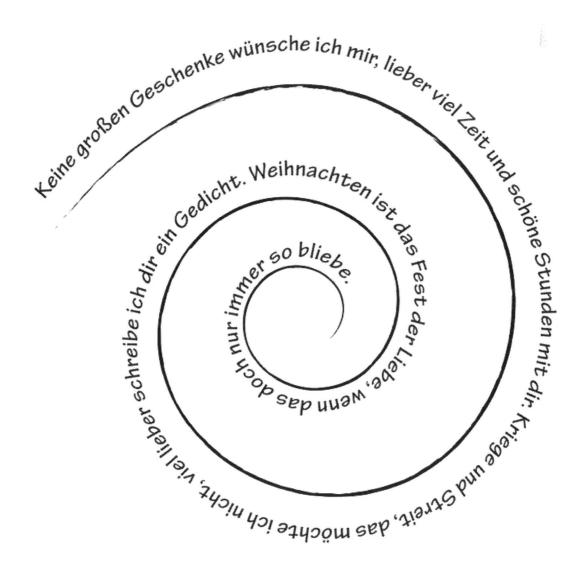

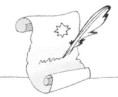

Angebot 3 – Zeitungsgedicht (Lösungsidee)

Schneide aus einer Zeitung mindestens drei beliebige Wörter aus. Schreibe ein Gedicht und achte darauf, dass du diese Wörter in dein selbst geschriebenes Gedicht einbaust. Klebe die Zeitungswörter an den entsprechenden Stellen im Text auf, so wie du es im Beispiel siehst.

Dort, **neben** halb verschneiter Tanne,
gemacht aus **Schnee** und Eis,
auf dem Kopf 'ne umgedrehte Pfanne,
steht ein Schneemann – ganz leis'.

Da freut sich jedes **Kind**,
so viel Freude kann er geben.
Kalt weht der **Wind**.
Der Schneemann soll noch lange leben!

Zunächst ein sanfter **Wind**stoß,
dann aber geht's richtig los!

Der **Sturm**, er wütet –
fühlst du dich noch behütet?
Komm, wir gehen schnell ins **Haus** hinein,
der Winter, der darf dort nicht rein.

Es tobt, heult und kracht
der Sturm die ganze **Nacht**.
Am andern Tag, ganz von allein,
ist die Welt wieder voller Sonnenschein.

Angebot 4 – Winterliche Zungenbrecher (Lösungsidee)

Erfinde sechs weitere lustige winterliche Zungenbrecher. Schreibe sie auf die Linien. Trage sie anschließend der Klasse vor.

Sechsundsechzig Schnee schaufelnde Schneemänner schippen siebenundsiebzig Schaufeln schweren Schnees.

Zwischen zwei Zimtsternen zipfeln zwanzig Zwergkappen.

Wegen wohliger Weihnachtsmarktatmosphäre war Walter wieder wach.

Eismanns Eis erreicht eisige Eiseskälte.

Wassertropfen werden wahrlich wahre Wasserlachen, während Willi Wacker Weihnachtswichtel werden will.

Lieber lastwagenweise lebende Läuse als lauernde Lawinengefahr.

Wo wohnt wohl Weihnachtsmanns witzigste Wolllaus?

Neuschnee naht natürlich von Norden nach Neustadt.

Väterchen Frost verschafft fröhlich frierend frohe Festtage fürs Volk.

Angebot 5 – Pyramidengedicht (Lösungsidee)

Denke dir zunächst einen Satz aus, der in diese Jahreszeit passt. Anschließend formst du ein Pyramidengedicht aus deinem Satz:

Die erste Zeile besteht aus einem Wort, die zweite aus zwei Wörtern usw., wobei sich die Wörter in jeder Zeile wiederholen.

weiße

weiße verträumte

weiße verträumte Winterwelt

weiße verträumte Winterwelt du

weiße verträumte Winterwelt du kommst

weiße verträumte Winterwelt du kommst leise

weiße verträumte Winterwelt du kommst leise und

weiße verträumte Winterwelt du kommst leise und unscheinbar

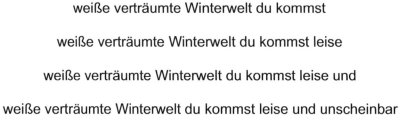

die

die kleine

die kleine süße

die kleine süße Weihnachtsmaus

die kleine süße Weihnachtsmaus knabbert

die kleine süße Weihnachtsmaus knabbert mitten

die kleine süße Weihnachtsmaus knabbert mitten im

die kleine süße Weihnachtsmaus knabbert mitten im Keller

die kleine süße Weihnachtsmaus knabbert mitten im Keller knusprige

die kleine süße Weihnachtsmaus knabbert mitten im Keller knusprige Plätzchen

Angebot 6 – Bilddiktat (1) (Lösung)

Deine Lehrerin/dein Lehrer liest dir einen Weihnachtstext vor. Male, was du hörst in den Rahmen. Am Schluss gestaltet ihr eine Ausstellung, bei der alle Werke betrachtet werden können.

Angebot 7 – Der Duft von Weihnachten (Lösungsidee)

Wie riecht Weihnachten? Schreibe in die Zimtstangen verschiedene Wörter von Dingen, deren Geruch dich an Weihnachten erinnert (Gebäck, Gewürze, Speisen).

- Punsch
- Orange
- Kerze
- Lebkuchen
- Vanille
- Zimt
- Nelke
- Tannenzweige
- Zimtsterne
- Christstollen
- Kipferl

Angebot 8 – Bildwörter (Lösungsidee)

Erfinde einen sechszeiligen Kreuzreim.

Bei dieser Art Gedicht reimen sich immer die erste, die dritte und die fünfte Zeile. Die zweite, vierte und sechste Zeile reimen sich ebenfalls miteinander. Vom Reimschema her sieht das so aus: A – B – A – B – A – B.

Greife zwei bis drei Wörter aus deinem Kreuzreim heraus und setze sie zeichnerisch in Farbe und Form um, so wie im Beispiel.

Am frostig kalten Nachthimmel

blitzen viele kleine und große Sterne.

Eine Glocke ertönt, was für ein Gebimmel!

Ganz schwach, was seh' ich dort in der Ferne?

Ah, da kommt der Nikolaus mit einem Schimmel.

Ja, zu Pferd, nicht mit Schlitten und Laterne!

Es schweben Kälte und Nässe durch die Lüfte.

Der Winter kommt mit weißem Gewand.

Gesichter, festliche und verblüffte,

jetzt wird der Herbst verbannt.

Plötzlich riecht man wohlbekannte Düfte,

Weihnachtsplätzchen **prägen unser Land.**

Angebot 9 – Adventskreuzworträtsel (1) (Lösung)

Löse zuerst dieses Kreuzworträtsel. Jedes Bild steht für eines der Wörter, das einzusetzen ist. Setze zum Schluss das Lösungswort zusammen.

	S						W		M
G E S C ₃H E N K E				E		I
	H						I		S
	N	S			G		H		T
A D V E N T ₁S K A L E N D E R
	E	E		E		O		A		₇L
	M	R		R		₉C		C		Z
	A	N		Z		K		H		W
	N			₅E		₆E		T		₁₁E
₈O R A ₄N G E N				S		I
							B		G
							A		
			L E B ₁₀K U ₂C H E N
							M		

| ₁S | ₂C | ₃H | ₄N | ₅E | ₆E | F | ₇L | ₈O | ₉C | ₁₀K | ₁₁E |

Angebot 10 – Bilder-Elfchen (Lösungsidee)

Ziehe ein Weihnachtsbild aus der Schachtel. Erfinde zu diesem Bild ein passendes Elfchen. Ein Elfchen ist ein Gedicht, das aus elf Wörtern besteht, die auf fünf Zeilen verteilt werden. Die Anzahl der Wörter innerhalb der Zeilen ist festgelegt. Unten siehst du, wie ein fertiges Elfchen aussehen kann.

Ziehe für jedes Elfchen, das du selbst schreibst, ein Kärtchen.

1. Zeile = **1 Wort**	Winter
2. Zeile = **2 Wörter**	weiße Welt
3. Zeile = **3 Wörter**	Schnee, Eis, Kälte
4. Zeile = **4 Wörter**	Lichtglanz und festliche Fröhlichkeit
5. Zeile = **1 Wort**	Weihnachten

1 Wort	**Rübennase**
2 Wörter	**geringelter Schal**
3 Wörter	**Kochtopf oder Hut**
4 Wörter	**Besen und viele Knöpfe**
1 Wort	**Schneemann**

1 Wort	**Kerzen**
2 Wörter	**im Advent**
3 Wörter	**zwei, drei, vier**
4 Wörter	**am Adventskranz brennen sie**
1 Wort	**Lichterschein**

Angebot 11 – Gedicht illustrieren (Lösung)

Lies das Gedicht.
Gestalte zu den beiden Abschnitten eine passende Zeichnung.

Uhr oder Kugelschreiber,
Geld oder schöne Kleider?
CDs oder eine neue Kappe,
Rucksack oder Ledermappe?

Schirm oder Regenhose,
Stiefel oder gar 'ne Rose?
Was mag wohl in der Schachtel sein?
Schau hinein, erst dann kannst du sicher sein!

Angebot 13 – Der ver(w)irrte Weihnachtsmann (Lösungsidee)

Erfinde eine passende Geschichte zu diesem Bild.
Male das Bild farbig an.

„Das ist schon immer mein Traum gewesen!", dachte der Weihnachtsmann. „Und jetzt? Jetzt wäre ich froh, ich würde tatsächlich nur träumen." Die brütende Hitze machte dem Weihnachtsmann zu schaffen. Er konnte ja schlecht seine Zipfelmütze, die Handschuhe und die Stiefel ausziehen. Außerdem war es schon seltsam, nicht durch den Schnee zu stapfen, sondern am Strand zu sitzen. Der Weihnachtsmann hatte schon als kleiner Junge davon geträumt, einmal die Weihnachtszeit in Australien zu verbringen. Deshalb hatte er sich kurzerhand ins Flugzeug gesetzt und war ins Land seiner Träume geflogen. Jetzt aber musste er feststellen, dass ihm die gewohnte Umgebung sehr fehlte. Was hatte er sich nur dabei gedacht, einfach wegzufahren? Die Kinder in Europa würden ihn und seine Päckchen bestimmt vermissen und sich fragen, was dem Weihnachtsmann wohl zugestoßen sei? Hier am Strand hatte nämlich niemand auf ihn gewartet, die verstreuten Pakete hatte noch keiner entdeckt und die Leute surften lieber auf dem Meer, als dass sie sich um den armen Mann in seinem roten „Weihnachtsmann-Kostüm" kümmerten. Seufzend sammelte der Weihnachtsmann all seine Pakete wieder ein, stieg ins nächste Flugzeug und verteilte seine Gaben einen Tag später an jene Kinder, die sehnsüchtig auf ihn gewartet hatten.

Angebot 18 – Akrostichon (Lösungsidee)

Überlege dir ein mindestens acht Buchstaben langes Winter- oder Weihnachtswort. Schreibe alle Buchstaben des Wortes untereinander. Finde zu jedem Buchstaben ein weiteres passendes Winter- oder Weihnachtswort. Schreibe es auf die entsprechende Zeile.

W OLLPULLOVER
I GLU
N EUSCHNEE
T EE
E ISZAPFEN
R EHSPUREN
W ÄRMFLASCHE
E INGESCHNEIT
L AUTLOS
T HERMOKLEIDUNG

A DVENTSSONNTAG
D AUNENDECKE
V ORFREUDE
E ISREGEN
N EBELSCHWADEN
T ANNENBAUM
S CHLITTENFAHRT
K ERZENSCHEIN
R OTKRAUT
A DVENTSKALENDER
N AZARETH
Z IPFELMÜTZE